Bibliografische Information der Deutschen Nationalbibliothek:

Die Deutsche Bibliothek verzeichnet diese Publikation in der Deutschen National-
bibliografie; detaillierte bibliografische Daten sind im Internet über http://dnb.d-
nb.de/ abrufbar.

Impressum:

Copyright © 2018 GRIN Verlag
Druck und Bindung: Books on Demand GmbH, Norderstedt Germany
ISBN: 9783668793521

Dieses Buch bei GRIN:

https://www.grin.com/document/439556

Julia Drabsch

Das smarte Zuhause. Die Bedeutung von Smart Home Systemen

GRIN Verlag

GRIN - Your knowledge has value

Der GRIN Verlag publiziert seit 1998 wissenschaftliche Arbeiten von Studenten, Hochschullehrern und anderen Akademikern als eBook und gedrucktes Buch. Die Verlagswebsite www.grin.com ist die ideale Plattform zur Veröffentlichung von Hausarbeiten, Abschlussarbeiten, wissenschaftlichen Aufsätzen, Dissertationen und Fachbüchern.

Besuchen Sie uns im Internet:

http://www.grin.com/

http://www.facebook.com/grincom

http://www.twitter.com/grin_com

Autor: Julia Drabsch

Das smarte Zuhause -
Bedeutung von Smart
Home Systemen

Studiengang: Wirtschaftsinformatik

Inhaltsverzeichnis

1 Abbildungsverzeichnis

2 Einleitung

2.1 Motivation

Der Lebensmittelpunkt von vielen Menschen ist das eigene Zuhause. Dabei steigen die Ansprüche der Verbraucher kontinuierlich. Neben einer erhöhten Wohnqualität sind auch die Maßstäbe für Sicherheit, Komfort und Energiemanagement neu gesetzt worden. Eine Reaktion darauf ist das Smart Home System. Wie wäre es denn, wenn die Kaffeemaschine den Kaffee autonom zubereitet, ausgelöst dadurch, dass der Wecker morgens klingelt? Oder wenn man nach dem Feierabend eine warme Wohnung betritt, da per Smartphone die Heizung geregelt werden kann?

Die Idee eines intelligenten Zuhauses existiert schon seit 1939, wo erstmals der Autor George H. Bucher in dem Magazin „Popular Mechanics Magazine" über „Das elektrische Haus der Zukunft" geschrieben hat.[1] Die Entwicklung der Technik der Gebäudeautomation und das Setzen von Standards haben die Fortschritte in der Hausautomation ermöglicht. „Smart Home ist der Mega-Trend 2018"[2]. Doch welche Möglichkeiten haben Smart Home Systeme und wo sind ihre Grenzen? Wie funktionieren sie? Und sollten sich Verbraucher Sorgen um ihre persönlichen Daten machen?

2.2 Problemstellung und Abgrenzung

In dieser wissenschaftlichen Arbeit soll die Frage beantwortet werden, ob Smart Home Systeme für private Nutzer attraktiv sind. Die Hauptaufgabenstellung liegt darin, die Chancen und Risiken eines Smart Homes näher zu beleuchten. Der finanzielle Aspekt und die Kostenunterschiede zwischen den Herstellern werden nicht berücksichtigt. Es soll geklärt werden, ob die Anforderungen der von Industrie, Entwicklern und Marketing definierten Zielgruppen technisch erfüllt werden können und wie sicher die Daten der Nachfrager in einem Smart Home sind. Das Ergebnis dieser Arbeit soll eine Darstellung der aktuellen Situation sein und Ansätzen zu einer Problemlösung.

---

[1] https://www.smartest-home.com/blog/smart_home_historie_1939_bis_2017_frank_voelkel/, 29.04.2018
[2] Vgl. https://www.techbook.de/smart-home/smart-home-sicherheit-komfort, 29.04.2018

3 Definitionen

3.1 Definition des Begriffs Internet of Things

Der Begriff des Internet of Things[3] ist weit gefasst und wird in vielen Bereichen in der Informatik und Wirtschaft verwendet. Allgemein beschreibt das Internet of Things physische Geräte und Gegenstände, die mit Sensoren ausgestattet sind und so mit dem Internet vernetzt werden können. Diese Smart Objects erhalten eine eindeutige Identität, durch die sie mit anderen vernetzten Geräten im Internet kommunizieren können. Sie handeln dabei weitestgehend autonom oder werden von den Nutzern ferngesteuert, meist über ein Smartphone oder Tablet.

3.2 Definition des Begriffs Smart Home

Das Smart Home ist ein Anwendungsgebiet des Internet of Things. Als Smart Home wird ein „intelligentes" Zuhause bezeichnet, in dem verschiedene Haushaltsgeräte und Unterhaltungselektronik miteinander und nach außen hin vernetzt sind. Durch die informationstechnisch, aufgerüsteten Häuser sollen die Lebensqualität, die Einbruchsicherheit und das Energiemanagement der Haushalte von privaten Nutzern verbessert werden. „Das Smart Home ist [grundsätzlich] die neue Generation der Hausautomation."[4]

---

[3]Vgl. https://www.expertenderit.de/blog/iot-definitionen-was-ist-eigentlich-das-internet-der-dinge, 22.04.2018
[4] https://www.homeandsmart.de/was-ist-ein-smart-home, 22.04.2018

4 Möglichkeiten und Funktionsweise eines Smart Homes

Im Jahr 2017 betrug der Umsatz im Smart Home Markt etwa 1.800.000.000€, das entspricht 596.000.000€ mehr Umsatz als im Jahr 2016. Der Smart Home Markt ist in den letzten Jahren schnell gewachsen[5].

Eine Studie, die von der Technischen Universität in München zusammen mit Deloitte durchgeführt wurde, stellt dar, wie das Smart Home aus Konsumentensicht betrachtet wird. Die Studie repräsentiert eine Stichprobe von 1000 Konsumenten im Alter zwischen 19 und 75 Jahren.[6]

Abbildung 1: Gründe für das Interesse an Smart Home

Der Studie ist zu entnehmen, dass die Konsumenten von einem Smart Home vor allem zusätzlichen Komfort mit 47% und zusätzliche Sicherheit mit 43% am Häufigsten erwarten. Mit 31% folgen die sinkenden Heiz- und Stromkosten als häufiger Grund für das Interesse an ein Smart Home System. Spaß bei der Nutzung und Entertainmentmöglichkeiten sind mit etwas mehr als 20% ebenfalls Gründe, sich für ein Smart Home System zu interessieren. Umweltschutz und attraktives Design hingegen sind mit weniger als 20% weniger relevant.

---

[5] Vgl. https://de.statista.com/outlook/279/137/smart-home/deutschland#marketStudy, 06.05.2018
[6] Vgl. https://www2.deloitte.com/de/de/pages/technology-media-and-telecommunications/articles/smart-home-consumer-survey.html, 06.05.2018

Ich werde daher in dieser wissenschaftlichen Arbeit die drei Bereiche betrachten, die am häufigsten zu einem Kaufinteresse an einem Smart Home System führen. Es werden die Möglichkeiten und die technische Umsetzung der Bereiche Sicherheit, Komfort und Energiemanagement anhand von Beispielen näher beleuchtet.

Die allgemeine Funktionsweise eines Smart Home System erfolgt durch verschiedene Key-Komponenten. Die Hersteller auf dem Smart Home Markt bieten meist komplette Smart Home System Lösungen an oder verschiedene Bausteine, aus denen der Anwender sich dann die Komponenten auswählt, die er benötigt. Es gibt funkgesteuerte und kabelgesteuerte Smart Home System Lösungen.

Bei funkgesteuerten Smart Home System Lösungen ist die Basisstation (Gateway) das Kernelement eines Smart Homes, mit welcher die verschiedenen Haushaltsgeräte vernetzt werden und über Funk kommunizieren. So können alle vernetzten Geräte mit einer Bedienzentrale gesteuert werden. Die Bedienzentrale ist entweder ein Tablet, eine App auf einem Smartphone oder ein Touch-Display im Smart Home. Alternativ können auch die Geräte miteinander vernetzt werden und über die jeweilige App der Hersteller bedient werden.[7] Eine weitere essentielle Komponente sind die Sensoren. „Sensoren sind in der Lage unterschiedliche physikalische Größen wie Helligkeit, Bewegung, Schall und Feuchtigkeit in ein elektrisches Signal umzuwandeln."[8] Sie arbeiten zum Beispiel mit Infrarot-, Magnetsensoren oder RFID-Technologie. RFID ist die Abkürzung für Radio Frequency Identification. Dieser Chip ist kontaktlos per Funksignal eindeutig zu identifizieren und dient als Datenspeicher.[9] Senden die Sensoren Signale, werden sie in der Basisstation verarbeitet und von Aktoren entgegengenommen, die auf das Signal reagieren können, indem sie den Geräten einen bestimmten Impuls geben.

Bei kabelgesteuerten Smart Home System Lösungen wird keine Basisstation benötigt, da die Smart Objects über Kabel miteinander verbunden sind und auf diese Weise kommunizieren und sich steuern lassen. Hierbei ist genaue Planung beim Bau des Hauses nötig oder die Kabel werden nachträglich in die Wände eingelassen, was mit viel Aufwand und hohen Kosten verbunden ist.

Smart Home Systeme folgen dem EVA-Prinzip - ein häufig angewandtes Prinzip zur Datenverarbeitung, welches ausgeschrieben bedeutet: Eingabe, Verarbeitung, Ausgabe. Die Eingabe folgt über Sensoren, die an den elektronischen Geräten angebracht sind. Anschließend wird es meist über die Basisstation verarbeitet. Die Ausgabe erfolgt über die

---

[7] Vgl. Engelhardt, Erich F., Internet of Things Manifest, S.17
[8] https://www.homeandsmart.de/was-ist-ein-smart-home, 06.05.2018
[9] Vgl. http://www.rfid-basis.de/rfid-technik.html, 20.05.2018

Aktoren, welche auf die verarbeiteten Signale reagieren. Auf diese Weise werden Haushaltsgeräte, die mit Sensoren ausgestattet sind zu Smart Objects.[10]

Die Bedienzentrale kann auch über intelligente, persönliche Sprachassistenten bzw. digitale Assistenten angesprochen werden, welche Steuerfunktionen in Smart Homes ausführen können. „Digitale Sprachassistenten sind intelligente Systeme, die Masssendaten [sic!] verarbeiten."[11] Die Technologie dahinter basiert auf künstlicher Intelligenz. Digitale Sprachassistenten verbessern die Mensch-Maschine-Kommunikation, da sie mit intelligenter Sprachsteuerung eine neue Benutzerschnittstelle darstellen.

4.1 Komfort und Unterhaltungselektronik

Die Anwender wünschen sich von einem Smart Home System mit wenig Aufwand das Leben komfortabler zu gestalten. Die Möglichkeiten hier sind vielfältig. Funktionen, die ermöglicht werden können sind unter anderem die Steuerung der Beleuchtung oder die Steuerung von elektrischen Geräten - von der Kaffeemaschine bis zur Audioanlage im Wohnzimmer. Die Steuerung kann hierbei nicht nur im Smart Home System erfolgen, sondern auch unterwegs mit dem Smartphone oder Tablet. Kurz gesagt das „Smart Home hilft dabei, den Alltag komfortabler zu gestalten, indem es uns viele Steuer- und Überwachungstätigkeiten abnimmt."[12]

Um mehr Komfort im Leben der Anwender generieren, wird oft ein IFTTT-System benutzt. Es steht für „If this then that" und ermöglicht die Vernetzung verschiedenster Geräte. Der Dienstanbieter schafft viele Anwendungsmöglichkeiten. Der Anwender kann ein Ereignis festlegen, welches auch als Trigger bezeichnet wird, und bestimmt, welche Aktionen die vernetzten elektronischen Geräte ausführen sollen, wenn besagtes Ereignis eintritt. Der Dienstanbieter stellt vorgefertigte Applets zur Verfügung, welches kleine Programme sind, die innerhalb des IFTTT-Systems ablaufen. Sie decken viele alltägliche Szenarien ab. Der Anwender kann diese über die Bedienzentrale des Smart Home Systems jederzeit anpassen, aktivieren oder deaktivieren. Mit dem IFTTT-System wird das Problem umgangen, dass viele Smart Objects von verschiedenen Herstellern keine oder schlechte Kompatibilität vorweisen, indem das IFTTT-System zur Schnittstelle zwischen den verschiedenen Produkten wird.[13]

---

[10]Vgl. https://smart-home-systeme.com/smart-home/, 20.05.2018
[11] https://www.itwissen.info/Digitaler-Sprachassistent-digital-speech-assistant.html, 19.05.2018
[12] https://www.homeandsmart.de/was-ist-ein-smart-home, 06.05.2018
[13] Vgl. https://www.deinhome.de/blog/smart-home-systeme/ifttt-das-intelligente-system-zur-smart-home-steuerung, 19.05.2018

Die Nutzer können mit diesem System beispielsweise folgendes Szenario erstellen: Sie erstellen das Applet „Fernsehabend", welches, wenn es aktiviert ist, das Licht dimmt, das Wohnzimmer auf eine festgelegte Temperatur heizt, die Rollläden nach unten fährt und den Fernseher einschaltet.

4.2 Verbesserung der Sicherheit

Ein weiterer, häufiger Anschaffungsgrund für ein Smart Home System ist die Verbesserung der Sicherheit des eigenen Zuhauses. Mit Hilfe von intelligenten Rauchmeldern kann die Brandschutzgefahr verringert werden, mit Alarmanlagen und Smart Home Kameras wird die Einbruchsicherheit verbessert. Des Weiteren ermöglichen intelligente Wassermelder mit Sensoren einen effizienteren Schutz vor Wasserschäden.[14] Auch bei älteren Menschen kann ihre persönliche Sicherheit verbessert werden zum Beispiel durch ein intelligentes Nachtlicht und ein in die Haustechnik integrierter Serviceruf, welcher im Notfall sofort den Kontakt zu der Familie und dem Pflegedienst herstellen kann.

Die Funktionsweise von Systemen zum Schutz vor Einbrechern wird im Folgenden am Beispiel vom Magenta SmartHome erklärt. Die Deutsche Telekom AG bietet mit ihrem Magenta SmartHome diverse Hausautomationslösungen an, auch um das eigene Zuhause sicherer vor Einbrechern zu machen. Die erste Empfehlung der Deutschen Telekom[15] sind Bewegungsmelder zur Überwachung des Hauses. Das Unternehmen bietet Bewegungsmelder für innen und außen an, die dem Anwender eine Warnung auf die Bedienzentrale schicken, wenn der Bewegungsmelder erkennt, dass sich etwas bzw. jemand bewegt. Die zweite Möglichkeit besteht darin, die Einbrecher mit Licht und Lärm abzuschrecken. Die Anwender können beispielsweise einstellen, dass ein Bewegungsmelder automatisch das Licht einschaltet, wenn sich jemand bewegt oder dass in dieser Situation die Musikanlage angeht oder ein Alarmsignal ertönt. Diese Szenarien lassen sich gut mit einem IFTTT-System lösen, welches die benötigten Smart Objects steuert. Des Weiteren besteht die Möglichkeit eine Videokamera zu installieren, mit der man jederzeit von der Smart Home Bedienzentrale aus den überwachten Bereich sehen kann und im Notfall die Polizei verständigen kann. Im Gegensatz zum bereits oben genannten Bewegungsmelder sieht der Anwender auch, wer oder was sich bewegt. Über die Magenta SmartHome App hat der Nutzer ebenfalls die Möglichkeit die Haushüter-Funktion einzuschalten, welche nach außen hin simuliert, dass jemand im Haus ist, wenn alle Bewohner beispielsweise im Urlaub sind. Die Funktion schaltet das Licht an und wieder aus und fährt die Rollläden in zeitlich definierten oder zufälligen Abständen hoch und runter. Auf diese Weise wird die

---

[14] Vgl. https://de.allyouneed.com/magazin/smart-home-geraete-bieten-ihnen-mehr-komfort-im-alltag/#Die_Smart_Home_Alarmanlage_schuetzt_vor_Einbrechern, 06.05.2018
[15] Vgl. https://www.smarthome.de/stories/vier-tipps-einbruchschutz, 19.05.2018

Anwesenheit eines Bewohners vorgetäuscht. Die Deutsche Telekom AG bietet außerdem Fenster- und Türkontakte an, welche über Sensoren erfassen, ob ein Fenster oder eine Tür geöffnet wird und in diesem Fall entweder elektronische Geräte einschaltet und/oder den Anwender darüber informiert. Die Kontakte sind batteriegesteuert und der Nutzer wird rechtzeitig informiert, falls die Batterie zeitnah aufgebraucht ist.

Die einzelnen Funktionen können durch die App auch verbunden werden. So können in einem Smart Home System verschiedene Alarmzonen festgelegt werden. Je nachdem welcher Tür- oder Fensterkontakt und Bewegungsmelder reagiert, wird der Anwender benachrichtigt oder sofort im Smart Home System Alarm ausgelöst.[16]

4.3 Energiemanagement

Das Energiemanagement kann mit Hilfe von Smart Home Technologie deutlich effizienter gestaltet werden. Die Hauptanforderung der Anwender in diesem Bereich betrifft das Senken des Energieverbrauchs und so das Einsparen von Nebenkosten. Dies kann erreicht werden mit Hilfe von intelligenter Heizungs- und Beleuchtungssteuerung. Intelligente Thermostate sorgen für eine ideale Raumtemperatur und ermöglichen die Steuerung der Heizung auch von unterwegs. So kann beispielsweise vom Anwender über eine App auf dem Smartphone überprüft werden, ob er vergessen hat die Heizung[17] auszuschalten und dieses dann in wenigen Sekunden korrigieren.

Im Folgenden wird die Funktionsweise intelligenter Heizungssteuerung am Beispiel von einem Tado-System erklärt, dessen Hersteller ein Start-up-Unternehmen aus München ist. Die wesentlichen Komponenten des Tado-Systems sind die Raumthermostate, die Heizkörperthermostate und die Internet-Bridge, welche für die Anbindung an das Internet zuständig ist..[18] Die Thermostate messen die aktuelle Raumtemperatur und regeln die Heizungen dementsprechend, um die aktuelle Raumtemperatur der vom Benutzer definierten Temperatur anzupassen. Der Anwender kann die Temperatur am Display des Thermostats ablesen und die gewünschte Temperatur einstellen. Des Weiteren gibt es eine Funktion, mit der das Tado-System erkennt, wenn ein Fenster geöffnet ist und den Anwender darüber benachrichtigt. Tado stellt eine App zur Verfügung, mit der man auf dem Smartphone, auch unterwegs, die aktuelle Raumtemperatur und Luftfeuchtigkeit ablesen kann durch den Sensor im Heizkörperthermostat. Über die App wird auch vom Anwender festgelegt, zu welcher Zeit welcher Raum auf welche Temperatur geheizt wird - dies

---

[16] Vgl. https://www.smarthome.de/sicherheit/einbruchschutz, 19.05.2018
[17] Vgl. https://de.allyouneed.com/magazin/smart-home-geraete-bieten-ihnen-mehr-komfort-im-alltag/#Die_Smart_Home_Alarmanlage_schuetzt_vor_Einbrechern, 06.05.2018
[18] Vgl. Fischer, Ingo/Müller, Klaus J./Malottki, Jonas von, Smart Home, Bequemer leben mit intelligenter Technik, S.92

geschieht auf Wochentag und fünf Minuten genau. Außerdem bietet die App eine „Frühstart"-Funktion, die es ermöglicht, dass ein Raum zu einer bestimmten Zeit die gewünschte Temperatur erreicht hat. Eine weitere Funktion des Tado-Systems ist eine Anwesenheitserkennung. Diese funktioniert nur, wenn alle Bewohner des Smart Homes die Tado-App installiert und ihre Geofencing-Funktion aktiviert haben. Diese ermittelt den Standort der Bewohner via Cloud. Die Anwesenheitserkennung ist optional, der Anwender kann jederzeit zwischen dieser Automatik und der manuellen Steuerung wechseln, entweder über die App oder direkt an den Heizkörperthermostaten. Das Tado-System berücksichtigt auch die aktuelle Wettervorhersage am Wohnort bei den Berechnungen. Es kann aber auch eine feste Temperatur festleget werden. Es ist möglich das Tado-System mit einem Sprachassistenten zu verbinden und die Temperatur auch über Sprachsteuerung einzustellen. Allerdings lassen sich über die Sprachsteuerung keine Thermostate offline [19]schalten oder aus dem Offline-Modus herausholen. Dies muss direkt an den Thermostaten geschehen oder über die Tado-App.

Die Funkverbindungen zwischen den Komponenten des Tado-Systems laufen über ein herstellergebundenes Protokoll auf 868-MHz-Basis. Dies ermöglicht eine gute Reichweite und Durchdringung. Die Thermostate sind batteriebetrieben und der Anwender bekommt eine automatische E-Mail, wenn diese gewechselt werden müssen.[20]

Das Sparpotenzial von Tado-Systemen zu bewerten ist schwierig. Der Hersteller verspricht eine Einsparung von bis zu 250€ im Jahr. Ein Anwender berichtet von einer Einsparung von 17,1%. Jedoch lässt sich dieses Ergebnis nicht auf alle Haushalte übertragen, denn entscheidende Faktoren sind das vorherige Heizverhalten und die Art der genutzten Brennstoffe zum Heizen. Doch berichten die Anwender von einem gestiegenen Komfort.

---

[19] Vgl. https://www.digitalzimmer.de/artikel/test/nachgerechnet-wie-viel-spart-tado/, 12.5.2018
[20] Vgl. Fischer, Ingo/Müller, Klaus J./Malottki, Jonas von, Smart Home, Bequemer leben mit intelligenter Technik, S.93

5 Datensicherheit und Datenschutz

In der bereits weiter oben genannten Studie „Deloitte Smart Home Survey 2015" gaben 29% der befragten Konsumenten mangelnden Datenschutz als Grund für fehlendes Interesse an Smart Home Systemen an. Dabei beschränken sich die Befürchtungen nicht nur auf Hacker-Angriffe, sondern auch auf von den Herstellern legal erhobenen Daten, die die Anwender nicht preisgeben wollen. Die Bedenken der Anwender hinsichtlich Datenschutz und Datensicherheit sind nicht unbegründet, denn mit jedem Gerät, welches an das Internet angeschlossen wird, entsteht eine Schnittstelle, die angegriffen werden kann, wenn keine ausreichenden Gegenmaßnahmen ergriffen werden.

5.1 Sicherheitsrisiken

Es gibt viele unterschiedliche Arten von Angriffen auf ein Netzwerk oder eine Software. Das Ziel solcher Angriffe ist es immer Passwörter oder Verschlüsselungsschlüssel herauszufinden, um dann weitere Angriffe einzuleiten. Dabei spielt die Verschlüsselungsmethode eine große Rolle. Das Prinzip der Verschlüsselung beruht darauf, dass der Sender einer Nachricht eine Information nach einer festen Vorschrift verändert (=Chiffrierung) und der Empfänger nach Erhalt der Nachricht diese mit der passenden Umkehrvorschrift wieder entschlüsseln und lesen kann (=Dechiffrierung). Es gibt symmetrische und asymmetrische Verschlüsselungsverfahren[21].

Bei der symmetrischen Verschlüsselung wird der gleiche Schlüssel für das Chiffrieren und Dechiffrieren verwendet und ist deshalb für Angreifer leicht herauszufinden, da ein und derselbe Schlüssel verwendet wird. Ein bekanntes Verfahren ist die AES-Verschlüsselung, welche oft angewendet wird.

---

[21] Vgl. Meier, Andreas/Stormer, Henrik, eBusiness & eCommerce, Management der digitalen Wertschöpfungskette, S.138

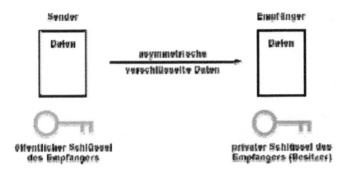

Abbildung 2: Asymmetrische Verschlüsselung

Bei asymmetrischer Verschlüsselung, auch Public Key Kryptographie genannt, gibt es ein Schlüsselpaar.[22] Wie in der Abbildung[23] dargestellt, gibt es einen öffentlichen Schlüssel, der publiziert wird und einen geheimen Schlüssel, der vom Empfänger geheim gehalten wird. Der Klartext wird mit dem öffentlichen Schlüssel des Empfängers chiffriert und mit dem privaten Schlüssel des Empfängers dechiffriert. So bleibt das Dokument, falls es von einem Angreifer abgefangen wird unlesbar, da die verschlüsselten Daten nur mit dem privaten Schlüssel lesbar sind und nicht mit dem öffentlichen Schlüssel. Das asymmetrische Verschlüsselungsverfahren ist somit viel sicherer für Datenverkehr über einen unsicheren Kanal, meistens das Internet. Dieses Verfahren wird oft noch mit der digitalen Signatur kombiniert, bei der ein Hash-Wert des Datendokuments erzeugt wird.[24] Ein bekanntes asymmetrisches Verfahren ist die RSA-Verschlüsselung, die auf Multiplikation von zwei Primzahlen beruht.

Die wesentlichen Sicherheitsrisiken in einem Smart Home System lassen sich in vier Kategorien unterteilen.[25]

Authentifizierungsprobleme: Fast alle Smart Objects besitzen eine eindeutige Identifikationsmöglichkeit oder Zertifikate, die verschlüsselt sind. Doch ohne Schutz kann diese Geräteerkennung nachgebildet werden, sobald ein Angreifer weiß, wie sie erzeugt wird. Über diesen Weg wäre ein Angreifer in der Lage über ein nachgebildetes Gerät Zugang zum Heimnetzwerk zu erhalten und dort Schaden anzurichten in Form von weiteren Angriffen.

---

[22] Vgl. Meier, Andreas/Stormer, Henrik, eBusiness & eCommerce, Management der digitalen Wertschöpfungskette, S.139
[23] https://www.elektronik-kompendium.de/sites/net/1910111.htm, 12.05.2018
[24] Vgl. Meier, Andreas/Stormer, Henrik, eBusiness & eCommerce, Management der digitalen Wertschöpfungskette, S.140
[25] Vgl. https://www.elektronikpraxis.vogel.de/die-wesentlichen-sicherheitsrisiken-des-smart-home-und-wirksame-gegenstrategien-a-643013/, 12.05.2018

Beispielsweise bei einer Spoofing-Attacke wird eine Identität eines Gerätes vorgetäuscht. Es gibt verschiedene Arten von Spoofing, dabei kann eine IP-Adresse, ein Mailabsender oder eine Telefonnummer vorgetäuscht werden.[26]

Abhören oder Ausspionieren von Daten: Die Technologie zur Kommunikation von Smart Objects untereinander basiert auf Technologien wie Bluetooth, ZigBee oder WLAN, welche oft nicht stabil sind trotz gewisse Schutzmechanismen durch Verschlüsselung. Das erhöht die Gefahr, dass über diese Kommunikationsschnittstellen vertrauliche Daten der Nutzer ausspioniert werden.

In dieser Kategorie gibt es viele mögliche Angriffsstrategien der Angreifer. Dabei kommt oft Sniffing zum Einsatz. Unter Sniffing wird das unerlaubte Abhören oder Ausspionieren des Datenverkehrs verstanden.[27] Diese Methode dient dazu, die für die eigentlichen Angriffe erforderliche Informationen zu bekommen, wie zum Beispiel kaum oder unverschlüsselte Passwörter und Nutzungsdaten.

Bei einer „Replay-Attacke" werden die Datenflüsse und Protokolle aufgezeichnet, wenn sich zum Beispiel die Haustür per Türkontakt öffnet und später zum beliebig festgelegten Zeitpunkt von den Angreifern wiederholt. Dann öffnet sich die Tür erneut und die Angreifer können ohne Einbruchsspuren in das Haus der Anwender eindringen.

Bei einem Seitenkanal-Angriff ist das Hauptziel den Verschlüsselungsschlüssel herauszufinden, da bei einem geschützten System der Datenverkehr verschlüsselt erfolgt. Seitenkanäle können Informationen preisgeben, durch die eine Rekonstruktion des Schlüssels möglich ist. Die Angreifer können über Abstrahlung, Stromverbrauch, Zeitbedarf oder Speicherbedarf den Schlüssel rekonstruieren. Zum Beispiel kann die Rechenzeit einer Ver- oder Entschlüsselung variieren, je nachdem welche Operationen auf ein 0-Bit oder ein 1-Bit ausgeführt wird.[28] Mit diesen Informationen kann der Schlüssel rekonstruiert werden. Der Erfolg für diese Art von Angriffen ist auch von der Verschlüsselungsmethode abhängig.

Asymmetrische Verschlüsselung erschwert den Angreifern das Herausfinden des Schlüssels, da sie anstatt nur einen Schlüssel das asymmetrische Schlüsselpaar rekonstruieren müssen.

---

[26] Vgl. https://www.datenschutzbeauftragter-info.de/die-8-haeufigsten-angriffe-auf-die-sicherheit/, 21.05.2018
[27] Vgl. https://www.datenschutzbeauftragter-info.de/die-8-haeufigsten-angriffe-auf-die-sicherheit/, 21.05.2018
[28] Vgl. Fox, Dirk, Seitenkanalangriffe, S. 785

Datenmanipulation: Ein wichtiger Sicherheitsaspekt ist der Schutz der Datenintegrität, denn kritische Informationen wie beispielsweise Rechnungsdaten oder Konfigurationsdaten können durch einen Angreifer manipuliert und gespeichert werden, wenn keine ausreichenden Gegenmaßnahmen ergriffen werden.

Hier können die Angreifer Man-in-the-middle-Attacken benutzen, wenn sie sich zuvor durch eine der oben genannten Methoden den Verschlüsselungsschlüssel beschafft haben. Die betroffenen Daten können alles sein, was über das Netzwerk kommuniziert wird, unter anderem Protokolle, Rechnungen, E-Mails, Nutzungsdaten. Die Angreifer fangen diese verschlüsselten Daten ab, entschlüsseln sie mit dem Verschlüsselungsschlüssel, manipulieren diese Daten, verschlüsseln sie wieder und schicken sie an den eigentlichen Empfänger mit den manipulierten Daten.

Schadsoftware: Wenn es einem Angreifer gelingt, Zugriff auf das Heimnetzwerk zu bekommen, ist es meist sein Ziel es mit schädlicher Software zu infizieren. In diesem Fall können die Smart Objects für Denial of Service-Angriffe verwendet werden. Ein Denial of Service-Angriff ist eine Überbelastung einer bestehenden Infrastruktur - in diesem Fall das Netzwerk des Smart Home Systems. Es werden so viele Anfragen an das System gestellt, dass es zusammenbricht.

Es gibt noch viele weitere Möglichkeiten für Angreifer die Sicherheitslücken eines Smart Home Systems auszunutzen. Die oben genannten Angriffe stellen keine vollständige Liste dar.

5.2 Gegenmaßnahmen

Um sich vor Angreifern zu schützen und Sicherheitsrisiken zu eliminieren, sollten sich Anwender mit dieser Problematik auseinandersetzen und Gegenmaßnahmen einleiten. Im Folgenden werden Empfehlungen für die Anwender von Smart Home Systemen gegeben.[29]

Persönliche Daten vertraglich schützen: Das Heimnetzwerk des Smart Home Systems kennt schützenswerte, personenbezogene Daten wie beispielsweise Anwesenheitszeiten oder Kamerafotos. Bei Arbeiten am Netzwerk sind diese vom Hersteller einsehbar. Die Anwender sollten diese Daten vertraglich beim Hersteller schützen lassen.

Komponentenübergreifendes Sicherheitskonzept: Für ganzheitliche Sicherheit ist ein durchgängiges Konzept erforderlich, denn es ist nicht ausreichend nur einzelne Komponenten oder Smart Objects zu schützen. Es gilt Lücken im gesamten System zu

---

[29] Vgl. https://www.gira.de/smarthome/das-intelligente-haus/datensicherheit.html, 12.05.2018

vermeiden, damit Angreifer keine Angriffsmöglichkeit auf das Heimnetzwerk haben. Netzwerke sollten durch eine Firewall abgesichert sein. Des Weiteren sollten die Anwender nicht vergessen auch ihre Bedienzentrale des Smart Home Systems zu schützen, da sie den gleichen Gefahren ausgesetzt ist, wie auch das Netzwerk selbst. Bei einem Smartphone oder Tablet als Bedienzentrale sollten die Anwender auch diese Geräte durch Werbeblocker, Firewalls und Antivirenprogramme schützen. Die Berechtigungen der Applikationen bei der Installation sollten immer überprüft werden. Ungenutzte Schnittstellen und Hardwaregeräte sollten deaktiviert werden, um weniger Angriffsfläche für Angreifer zu bieten.

Informationen einholen: Es ist wichtig dafür zu sorgen, dass die Installation und Konfiguration fachgerecht erfolgt. Die Anwender sollten sich bereits zu diesem Zeitpunkt über Sicherheitseinstellungen und -risiken informieren.

Passwörter sicher wählen: Sichere Passwörter im gesamten Smart Home System sind ein wichtiger Sicherheitsaspekt. Die Anwender sollten sich an Richtlinien für sichere Passwörter halten und niemals die voreingestellten Passwörter benutzen. Ein sicheres Passwort ist eine Vermischung aus Groß- und Kleinbuchstaben, sowie Sonderzeichen, welches mindestens acht Zeichen lang ist und keine Wörter aus Wörterbüchern enthält.[30] Denn bei sogenannten Word List- Angriffen probieren die Hacker systematisch Wörter aus dem Wörterbuch und Kombinationen hiervon, um das Passwort zu ermitteln. Je länger das Passwort, desto besser, da bei Brute Force-Angriffen jegliche Kombinationen ausprobiert werden und die Zeit, die es dauert bis das richtige Passwort gefunden wird steigt, je länger das Passwort ist und je mehr verschiedene Zeichen benutzt wurden. Passwörter sollten in regelmäßigen Abständen gewechselt werden.

Updates ausführen: Auf allen Software- und Hardwarekomponenten sollte immer die aktuellste Version der Hersteller mit ihren Updates installiert sein, da die Software dauerhaft überarbeitet und verbessert wird. Wenn die Anwender nicht alle Software-Updates durchführen können Sicherheitslücken entstehen.

Des Weiteren sollte ein kabelgesteuertes Smart Home System in Erwägung gezogen werden, da diese, falls sie einem Angriff unterliegen nur einzelne Geräte betreffen. Bei einem funkgesteuerten Smart Home System zielen die Angreifer häufig auf die Basisstation des Smart Homes ab und infizieren so das komplette System.

---

[30] Vgl. https://www.bsi-fuer-buerger.de/BSIFB/DE/Service/Aktuell/Informationen/Artikel/Passwoerter.html, 12.05.2018

5.3 Datenschutzrechtlichte Bestimmungen

Neben den Befürchtungen von Hacker-Angriffen, haben die Anwender auch Bedenken gegenüber den datenschutzrechtlichen Bestimmungen. Sie befürchten, dass ihre Nutzungsdaten von den Herstellern gespeichert werden. Diese Anwendungsfälle sind im Bundesdatenschutzgesetz BDSG und in der Datenschutzgrundverordnung DS-GVO, welche im Mai 2018 in Kraft getreten ist, festgelegt.

Alle Smart Objects, die in einem Smart Home System verbunden sind, unter anderem auch oft mit digitalen Sprachassistenten, haben eine Gemeinsamkeit. Sie verbessern den Komfort des Nutzers durch automatisierte Vorgänge und durch die zusätzliche Sammlung von Daten. Dies sind meisten nicht nur Benutzerinformationen, sondern auch Hintergrund- und Metadaten. Diese personenbezogenen Daten werden meist noch weiterverarbeitet. Hierzu gilt die Datenschutzgrundverordnung als rechtliche Grundlage. Entsprechend den allgemeinen Grundsätzen der rechtmäßigen Datenverarbeitung nach Art.5 Abs.1 DS-GVO sind die Zwecke der Datenverarbeitung eindeutig zu definieren und den Nutzer in verständlicher Weise darzulegen.[31] Falls eine Zweckänderung eintreten sollte, muss der Betroffene seine Einwilligung dazu geben. Hier ist vom Gesetzgeber allerdings nicht ausreichend ausgeführt, was mit Daten passiert, die nach der Erhebung für neue Methoden wie zum Beispiel das Erkennen von Krankheiten genutzt werden. Des Weiteren fordert der Grundsatz der Datenminimierung regelmäßige Löschroutinen, um eine endlose Datenbank zu verhindern. Jede Datenverarbeitung beruht auf der Einwilligung des Betroffenen, für den der Verantwortliche gem. Art.7 Abs. 1 DS-GVO den Nachweis zu erbringen hat. Die Betroffenen haben zusätzlich das „Recht auf Vergessenwerden". Das bedeutet, dass Verantwortliche alle Daten des Betroffenen löschen müssen, wenn er dieses wünscht und es keine legitimen Gründe für eine weiter Speicherung gibt.[32]

„Personenbezogene Daten müssen auf rechtmäßige Weise, nach Treu und Glauben und in einer für die betroffene Person nachvollziehbaren Weise verarbeitet werden" (Art.5 Abs.1 a) DS-GVO). Demnach muss der Betroffene vom Verantwortlichen verständlich über die Prozesse der Datenverarbeitung aufgeklärt werden. Gemäß Art.7 Abs.3 DS-GVO muss die Einwilligung auch jederzeit widerrufbar sein. Bei biometrischen Daten, die eine Person eindeutig identifizieren können, ist die Verarbeitung grundsätzlich verboten (Art.9 Abs.1 DS-

---

[31] Vgl. Conrad, Conrad Sebastian, Künstliche Intelligenz - Die Risiken für den Datenschutz, S. 740 - 744

[32] Vgl. https://www.haufe.de/compliance/recht-politik/eu-datenschutzreform-die-wichtigsten-regelungen-im-ueberblick_230132_333698.html, 21.05.2018

GVO), es sei denn es liegt eine Einwilligung des Betroffenen vor. Diese Einwilligung kann allerdings bereits über die Installation der Anwendung oder Kauf mit angekreuzten Kästchen geschehen. Es ist nicht verlangt, dass die Betroffenen eine Wahlfreiheit haben, bei der sie aktiv und freiwillig auswählen können, welche Daten erhoben und verarbeitet werden dürfen und welche nicht.

Die neue DS-GVO kann einen ersten Beitrag zum Schutz der Betroffenen leisten, doch sie hat auch Lücken und zeigt, dass das Recht sich verstärkt an die Technologie anpassen sollte. Hierbei ist vor allem zu beachten, dass das Internet keine Ländergrenzen kennt. Die Datenverarbeitung erfolgt oft weltweit, nicht nur EU-weit. Das Recht sollte sich dahingehend auch anpassen und Gesetze und Richtlinien verfassen, die weltweit gültig sind. Zusätzlich sollte die Möglichkeit bestehen bei Verdacht Anbieter und Hersteller zu Transparenz durch Offenlegung des Quellcodes zu zwingen, um alle Prozesse der Datenverarbeitung überprüfen zu können.

6 Fazit

In dieser wissenschaftlichen Arbeit wurde aufgezeigt, welche Möglichkeiten und Grenzen das Smart Home System hat und ihre Funktionsweise wurde geklärt.

Die Möglichkeiten, die das Smart Home bietet sind sehr vielfältig und über ein funkgesteuertes System sind die Veränderungen schnell umsetzbar. Smart Home Systeme können die Wohnqualität der Anwender verbessern durch unter anderem die in der Arbeit vorgestellten Smart Objects.

Der Aspekt Datensicherheit ist nicht zu vernachlässigen für die Anwender, da durch ein Smart Home System viele Schnittstellen mit dem Internet geschaffen werden. Auf diese Weise erhöht sich das Risiko von Angriffen auf die Datensicherheit. Die Nutzer von Smart Home Systemen sollten sich über mögliche Gefahren informieren und entsprechende Gegenmaßnahmen ergreifen, um ihre Datensicherheit zu erhöhen.

Des Weiteren wurde aufgezeigt, dass im Datenschutzgesetz weiterhin Lücken bestehen. Die Nutzer von Smart Home Systemen sollten sich daher umfassend über ihre Datensicherheit informieren und Schutzmaßnahmen ergreifen, solange keine rechtlichen Vorschriften existieren, die auch die ständige Entwicklung der Technik berücksichtigen.

Unter Einbeziehung dieser Aspekte ist die Erfüllung der Anforderungen der von Industrie, Entwicklern und Marketing definierten Zielgruppen an ein Smart Home möglich. Das Smart Home System erhöht den Komfort der Anwender, verbessert unter bestimmten Voraussetzungen ihr Energiemanagement und sorgt für eine höhere Einbruchsicherheit.

7 Quellenverzeichnis

Conrad, Conrad Sebastian: Künstliche Intelligenz - Die Risiken für den Datenschutz, in: Datenschutz und Datensicherheit, Jg.41 (2017), S. 740 - 744

Czernik, Agnieszka: Die 8 häufigsten Angriffe auf die IT-Sicherheit, in: https://www.datenschutzbeauftragter-info.de/ , 21.05.2018

Deloitte/Technische Universität München: Studie: Ready for Takeoff? Smart Home aus Konsumentensicht, in: https://www2.deloitte.com/de/de/html , 06.05.2018

Domi: Smart Home - was ist das und wie funktioniert es?, in: https://smart-home-systeme.com/ , 20.05.2018

Engelhardt, Erich F.: Internet of Things Manifest, Das Handbuch zur digitalen Weltrevolution, Haar bei München (Franzis Verlag GmbH) 2016.

Fischer, Ingo/Müller, Klaus J./Malottki, Jonas von: Smart Home, Bequemer leben mit intelligenter Technik, in: c't wissen Smart Home, 2017/2018, S.90 - 96.

Fox, Dirk: Seitenkanalangriffe, in: Datenschutz und Datensicherheit, Jg.36 (2012), S. 785

Gerstel, Sebastian: Die wesentlichen Sicherheitsrisiken des Smart Home - und wirksame Gegenstrategien, in: https://www.elektronikpraxis.vogel.de/ , 12.05.2018

Lindner, Fabian: IoT-Definitionen: Was ist eigentlich das Internet der Dinge?, in: https://www.expertenderit.de/, 22.04.2018

Meier, Andreas/Stormer, Henrik: eBusiness & eCommerce, Management der digitalen Wertschöpfungskette, 3.Auflage, Berlin Heidelberg (Springer-Verlag) 2012.

Otter, Reinhard: Nachgerechnet: Wie viel Heizkosten spart Tado?, in: https://www.digitalzimmer.de/ , 12.05.2018

o.V.: Alles zum Thema Einbruchschutz, in: https://www.smarthome.de/ , 19.05.2018

o.V.: Asymmetrische Kryptographie (Verschlüsselung), in: https://www.elektronik-kompendium.de/ , 12.05.2018

o.V.: Datensicherheit und Datenschutz im Smart Home, in: https://www.gira.de/ , 12.05.2018

o.V.: Digitaler Sprachassistent, in: https://www.itwissen.info/ , 19.05.2018

o.V.: Einbruchschutz für Ihr Zuhause, in: https://www.smarthome.de/ , 19.05.2018

o.V.: EU-Datenschutzreform - die wichtigsten Regelungen im Überblick, in: https://www.haufe.de/ , 21.05.2018

o.V.: Mit sicheren Passwörtern private Daten schützen, in: https://www.bsi-fuer-buerger.de/ , 12.05.2018

o.V.: Smart Home, in: https://de.statista.com/ ,06.05.2018

o.V.: Was ist RFID?, in: http://www.rfid-basis.de/, 20.05.2018

Polywka, Marlene: IFTTT - Das intelligente System zur Smart Home-Steuerung, in: https://www.deinhome.de/ , 19.05.2018

Redman, Victor: Das müssen Sie jetzt über Smart Home wissen!, in: https://www.techbook.de/ , 29.04.2018

Schiller, Kai: Was ist ein Smart Home? Geräte, Systeme, Produkte, in: https://www.homeandsmart.de/ , 22.04.2018

Talbot, Sabrina: Smart Home Geräte für ein komfortables Heim, in: https://de.allyouneed.com/ , 06.05.2018

Völkel, Frank: Die Historie des Smart Home von 1963 - heute, in: https://www.smartest-home.com/ , 29.04.2018